家族の練習問題

―木陰の物語―

団士郎

9

"終わりのない旅"

深く、遠く

「早く行きたいと思ったら、
一人で行け。
遠くへ行きたいと思ったら、
みんなで行け！」

最近耳にした言葉で
もっとも心動いたものだ。

アフリカ大陸の格言らしい。

これは
誰かが言ったというより、

動物たちが
行っていること
なのだろうと思った。

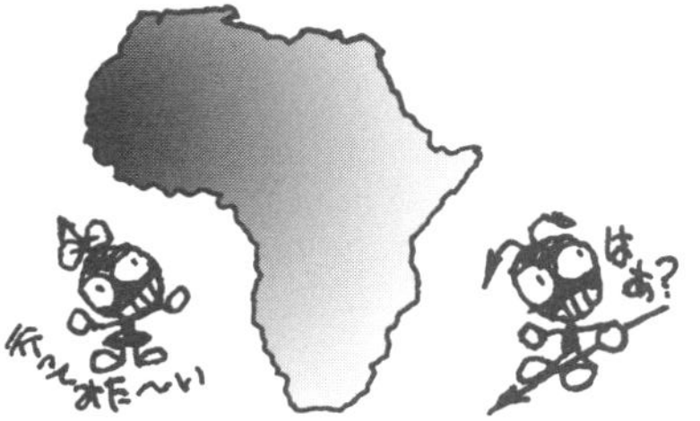

その大移動を見て
人がつぶやいたのだろう。

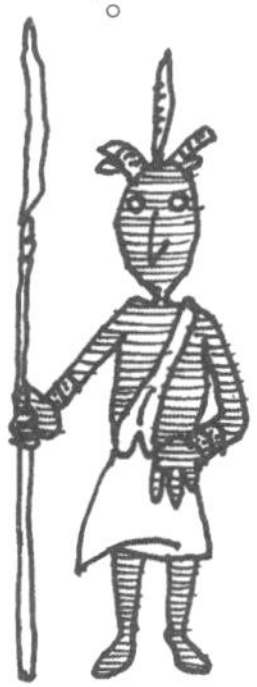

人間も動物だ。
これはなかなか
深いぞと思った。

私はどちらかというと
後者のように
生きてきたなと思う。

五十年以上、
グループで
漫画家活動を続けている。

この連載も
二十年を超し、
シリーズ単行本刊行は
十五年を超えた。

仲間があったから、
ここまで続けて
こられたのは確かだ。

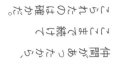

それより長く、
家族心理臨床の仕事も
続けてきた。

そちらの世界にも、
たくさんの仲間がいる。

私の座右の銘は、
「深く掘りたいと思ったら
広く掘り始めろ！」。

ずいぶん昔に
この言葉と出会い、
心に留めてきた。

それでいろいろ
手を出すもので
根気がないと
思われていたこともあった。

その結果、
今になっても
自分のことを
何かの専門家だとは
思えないままだ。

昔、ある友人に言われた。
「団さんは
大いなる素人」が
ぴったりだ。

批判とは思わないし、
謙遜している訳でもない。

専門が
細分化されるのは
必然である。

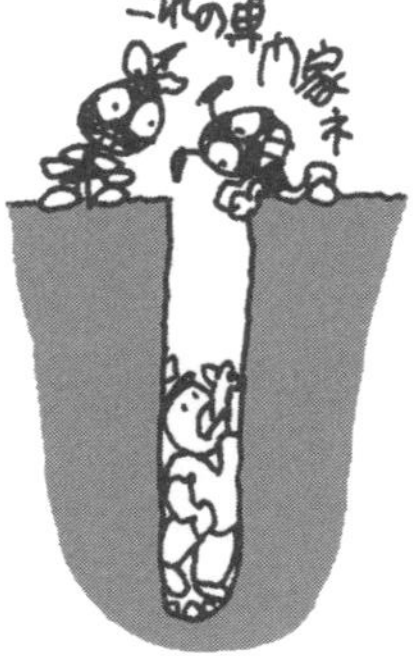

何でもできる専門家なんて
おかしい。

だからプロと呼ばれる人は
どこかに自分の立ち位置を定め、
そこから世界を語ることになる。

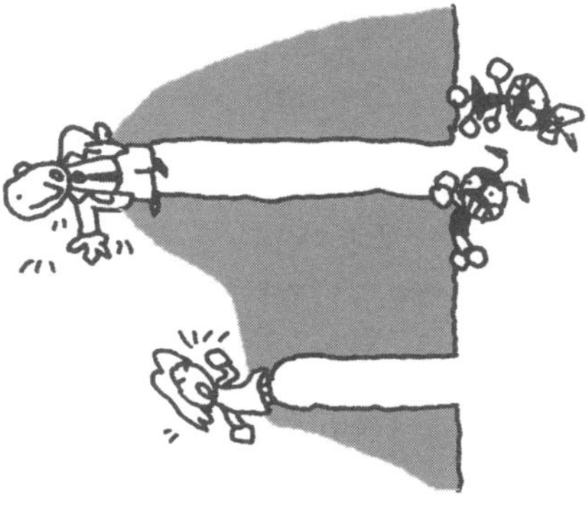

このお約束で
社会を作ってきた。

その結果、
今世間は
専門家で溢れている。

過去のどの時よりも、
有資格者の多い時代だろう。

しかし、それで
人が幸せになったかというと
疑問が残る。

専門職を増やすことが
市民の幸せに
繋がっていないのだ。

誰もが
限定された範囲のことしか
言えないと思って暮らしている。

「遠くに行きたいと思ったら
みんなで行け」

「深く掘りたいと思ったら
広く掘り始めろ」

私が今いるのは
やっと膝位の深さになった、
いろんなモノの入り交じった
ぬるま湯温泉。

漫画物語、
イラスト、
家族相談、
家族療法トレーナー、
オンライン講座、
講演会講師、
web雑誌編集長、
本作り等が漂っている。

イメージは
足湯の番頭さんだろうか。
結構多くの人が訪れてくれる。

そこを今もなお
掘り拡げようとしている。

生きている間に、
どこまで辿り着けるか、
それが楽しみだ。

はじめに

二〇二二年はロシアのウクライナ侵攻があった年として記憶に刻まれるだろう。近年、日本だけに限らないが自然災害が増えている。このどちらにおいても頭に浮かぶのは、渦中に戸惑い、右往左往する家族ではないだろうか。家族は巻き込まれる。天変地異から紛争、社会問題から些細な関係の不調まで、あらゆる場面に登場せざるを得ない。

私は二十五歳で児童相談所の心理職として働き始め、異動や転職はありながらも、ずっと担当するケースがある生活をしてきた。そこでは多くの家族が回復に必要な時を経て、それぞれの居場所に戻っていった。そして二〇二二年三月末、五十年に及んだケースを持つ仕事が一区切りした。又、二〇二〇年八月には、私生活で大きな変化があった。いつもこの新刊を楽しみにしてくれていた妻が癌で亡くなった。夫婦で一緒に居ることが四十七年で終わってしまった。

振り返ると暮らしはたくさんな出来事の長い、長い連続と終結だった。なのに過ぎてみるとその時間は、誰もが言うようにあっという間だった気がする。

　結婚して子どもが三人生まれ、心理職は変わらないままあちこちで働いた。五十歳で公務員の立場を離れて、一人で仕事をする選択をした。それから二十五年、ほとんどが「家族」との関わりだった。担ってきたのはいろんな課題の渦中にある人達の支援。それぞれが自分の力で復活していくのを支えることだった。原則として自立援助、これが私の信念だ。

　それは自分の日常にも当てはまる。三人の子どもたちは独立し、新たな家族をもうけてそれぞれの場で暮らしている。私は一人暮らしになり、二〇二三年の五月には後期高齢者になった。わざと老人らしく振る舞う必要もないので、今やりたいことをして、できないことは諦めて生きている。

　そんな中で毎月一作、二十三年間描き続けている「木陰の物語」を今月も描いた。十五年余りかかって「家族の練習問題」九巻目も出来上がった。いろいろあった道程だった。

　そんな中から幸運と言える多くのことを振り返りながら、早くも第十巻を迎える日を思ったりしている。

家族の練習問題 ー木陰の物語ー 9 もくじ

ルール違反

四人揃った一家は
良い感じの核家族でした。

緊張や葛藤も感じさせません。
よく見るような優しい両親。

別の言い方をすれば、
上手くいっている時は
良いけれど、
いざという時には
力不足な印象でした。

惣太郎に話しかけると
普通に返してきます。

学校に行けないというより、
眠くて眠くて
二度寝してしまうと言います。

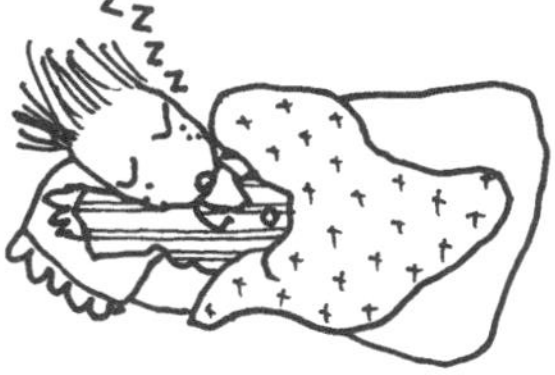

就寝時刻が
それ程遅いわけではなく、
ゲーム中毒の
夜更かしでもないようです。

「そんなに長時間
寝なければならないなんて、
まるで赤ん坊じゃない？」

「そうなんです。
起きないし、
制服に着替えさせるのが一苦労で
靴下も私が履かせています」

これはいったい何だ？
と思いました。

「朝の着替えで
遅れてしまうなら、
制服で寝させたら！」
と突っ込んでみました。

朝の着替えでモタモタするなら、
悪くないアイデアでしょう。

たいして根拠のない原因を
長々説明する人に
時々会います。

それを
おかしいと指摘しても、
意味がありませんし
改善もされません。

更に説明が
垂れ流されるのが
関の山です。

それよりは
実態に即した提案の方が
力を持ちます。

さっそく
制服で寝てみたところ、
寝苦しかっただけで
効果はありませんでした。

「着替えの問題ではないですね」
と言うと

と惣太郎が言いました。

確かに校区内で
一番遠方の地域に
家がありました。

自転車通学は
禁じられているので、
同級生よりだいぶ早く
家を出なければなりません。

今に始まったことでは
ないのですが、
この言い分も
考えることにしました。

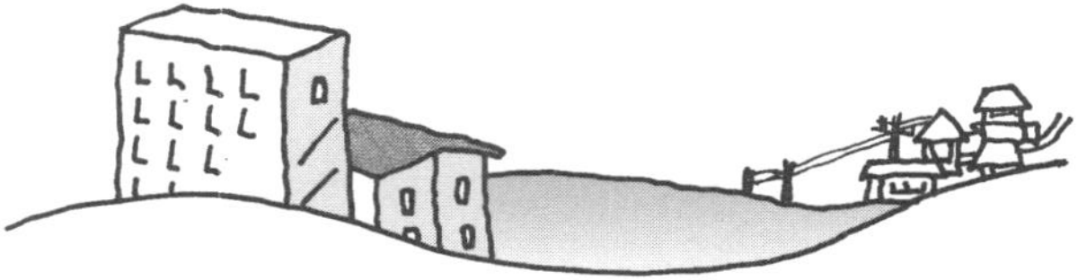

提案したのは、
自転車通学することでした。

禁止されているので、
自転車を隠せる場所が
ないか相談しました。

学校近くの
大きな神社の境内裏が
良さそうでした。

校則違反ですが
親子に不登校と
天秤にかけてもらいました。

翌日から彼は
自転車登校を
開始しました。

通い始めて直ぐ、
神社の境内で
教科担当教師と
鉢合わせしたそうです。

まさか神社の一族だなんて
思いも寄らないことでした。

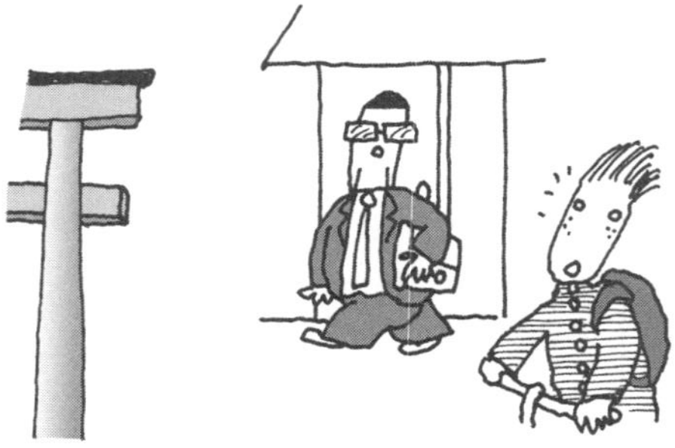

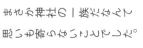

バツ悪そうに
「オハヨウゴザイマス」

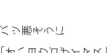

頭を下げた惣太郎に先生は、
「オハヨウ」
と言ってさっさと
行ってしまったそうです。

そして後日、
「他の生徒に見つからないよう、
もっと奥に！」
と助言してくれました。

ルール違反は黙認して
登校を尊重してもらえたのは
惣太郎を励ましました。

「基本的に登校すべし」の原則で
親子が行動したからこそ訪れた
運のいい偶然でした。

選んで行動しなければ
何も始まりません。

そこには、
思いがけない未知との遭遇が
待っているかもしれません。

沖に向かって泳ぐ

慣れ親しんだ世界で

安心を確保しながら
ストレスなく、
生きることを楽しむ。

大人には
良いことである。

大きな負担も
かからない。

穏やかな入り江で
小魚と戯れるように
過ごす日々。

でもそこに、
力強い成長は期待できない。

若者に持たせてやりたい、
創造的エネルギーは
なかなか生まれまい。

私達は
人生の早い時期のどこかで
沖に向かって
泳ぎはじめ
なければならない。

しかし、
進みだしたら
早々に、
気づくに違いない。

この先に、
確かに
たどり着く島や
大陸はあるのだろうか。

体力の続く間に、
一息つける状況は
やってくるのか。

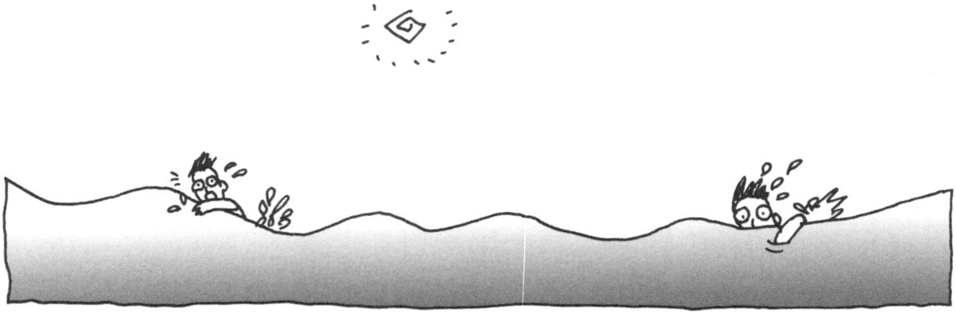

もし、
島影一つ見えない大海を
ひたすら
泳ぎ続けなければ
ならないとしたら…

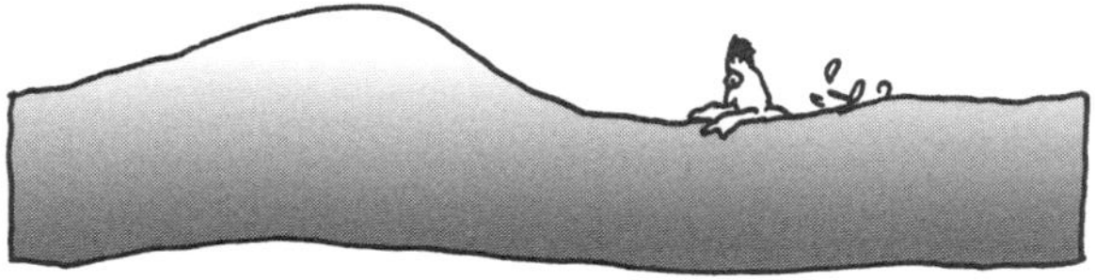

むかし、
何処かの海岸には
多数の小さな枝が
流れ着くという
CMがあった。

それは、
渡り鳥が何千キロの
海越えをするとき、

嘴にくわえて飛び続け、
疲れると、
海に浮かべた
その上で
一息つくのだという。

枝の浮力と
渡り鳥の体重を考えても、
これはお伽噺である。

しかし、そこに
共感を覚えるほど、
人が未知の場所に向かって
努力を続けるのは、
不安なものである。

大人になって、
わが子を見ていると、

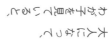

自分がしてきたのと
同じ苦労を
子どもにさせるのは
忍びないと思ってしまう。

つい、
側で泳いでおけ。

助けが必要なら、
いつでも声をかけろ！
と言ってしまう。

それが過保護だとは
分かっている。

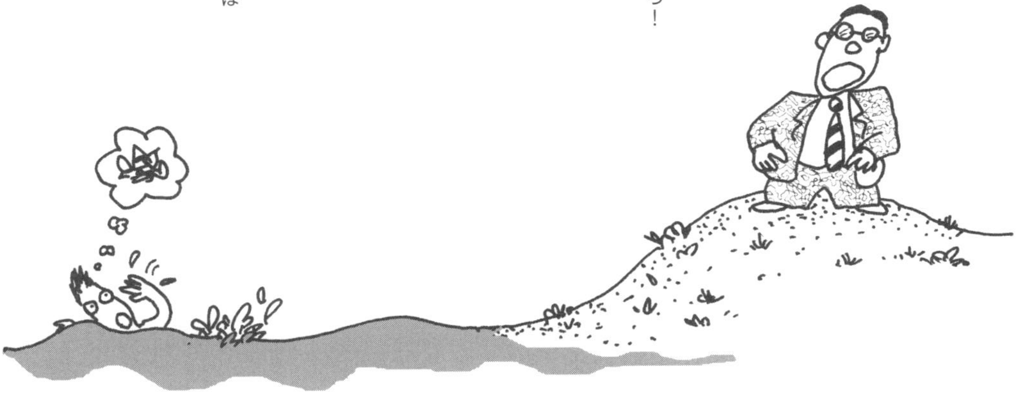

他人事なら
きっぱりとできる
自立へのアドバイスが

わが子には出来ない。

ついつい、
援助の手は出てしまう。

だから手助けは難しい。

自分の気が済むからと、
子どもの人生に
口を出してはいけない。

過保護とは
そういうことだ。

家族再生

昔、こんな人に会った。

児童養護施設の元職員。

入所児童であった高校生と
男女関係になり、
随分歳下の彼の子を妊娠。

当然、
大問題になり退職。

彼が十八歳になるのを待って
二人は結婚した。

彼の働きで
暮らしを立てたいと
強く願う彼女は
子育てに専念。

しかし、
まだ二十歳前の彼に、
あらゆる事を
求めるのは酷な話だった。

周囲の批判を
二人ではね除けてきた
つもりだったから
そこが崩れると厳しかった。

喧嘩が絶えなくなり、
子育ての大変さも手伝って
上手くいかず離婚。

それから十三年、
高校生になった息子の不登校で
母親が相談にきた。

彼女の生育歴も、
結婚相手の選択も、
離婚後の子育て事情も、
どこをとっても
大変だなぁと思わずには
いられなかった。

しかし直面しているのは、
不登校問題。

先ずそこだけに
焦点を当てて話を聞いた。

思春期の少年の
家庭での乱暴な振る舞いに、
母親は弱り切っていた。

そして、
あの人なら
今の息子のことが、
分かるかもしれない。

こんな時こそ
父親の役割を果たして
貰いたいと思うと言った。

そうなると話は早い。

母親は息子のことを
電話で訴えた。

話を聞いた父親は
直ぐやってきた。

息子は
記憶もおぼろげな実父と
初めて話をした。

そして
明日は仕事だからと、
夜遅くに帰って行った。

これをきっかけに、
音信が再開され

たまの週末、
やってくるようになった。

父親は
トラックの運転手をしながら
一人暮らしをしていた。

ある時、
「どうせ、
家にいるんだ、
トラックの助手席に
乗らないか」
と声を掛けた。

数回、父と子が
トラックで一日一緒に
過ごしたらしい。

何を話したのか、
何があったのかは
分からない。

そのうち息子は、
高校に顔を出すようになった。

そして三人は
週末、一緒に
過ごすことが増えた。

しばらくした
ある日の面接で、
「復縁することに決めました」
と母親から聞かされた。

十三年経って、
皆が成長した姿で
再会できたのだと思った。

そしてこのきっかけが、
息子の不登校である
不思議さを思った。

古着屋

学校に行きにくく
なっている子達に
声をかけて

夏休み、
京都の町家を借りて
合宿をしている
女性がある。

もう何年も続けている、
小さいけれど、
興味深い取り組みだ。

二泊ほどのことだが、
子ども達の気分が
随分変わるという。

その期間中のイベントに
古着屋を訪れるものがある。

参加者を
二人一組にして、
予算を決めた中で、
相手の着るものを選んであげる。

人が身にまとうものは、
自己表現そのものだ。

ファッションには
流行のスタイルがあり、
流行の色がある。

しかし、
誰もがそれを
着ているわけではない。

人によっては、
身を隠すように
衣類をまとっている人もある。

ここに集まる子達は、
どちらかと言えば、
そちらにいる。

悪目立ちしたくないし、
人から何か言われたくない。

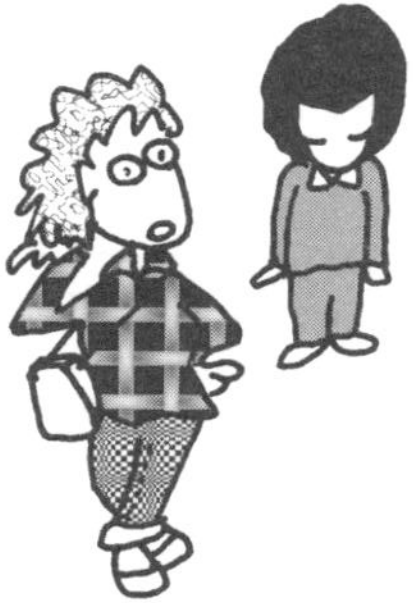

それでなくても
人はなかなか
自分の着るものを
変えられない。

無論、
中には思春期にガラッと
自分を変化させる人もいる。

一方で
大人になっても頑なで、
紺系のものとか、
ベージュが中心
という人もある。

デザインにしても、
それは選ばない
というものがある。

私はある時まで、
アロハを着るなんて
考えられなかった。

きっかけは忘れたが、
初めてアロハを買った
店のことは
よく覚えている。

それ以降、
何かが少し変わった。

彼女、彼らも、
着るものについて
多く語る子達ではない。

でも、
年頃だから興味はあって、
古着屋のことも知っている。

しかし、
実際に店に
出かけたことはない。

初めて経験する子達は
興奮気味である。

自分のものではなく、
ペアになった相手のものを
選ぶことに盛り上がる。

それは同時に、
相手が自分のために
選んでくれた服を
着ることである。

いつもジャージの子、
ジーンズばかりの子。

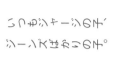

花柄なんて着たことがない。
スカートなんてはかない。

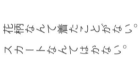

制服しか着ない。

いろんなことを
言っていた子達が、
一生懸命、
相手の似合うもの、
着られるものを選ぶ。

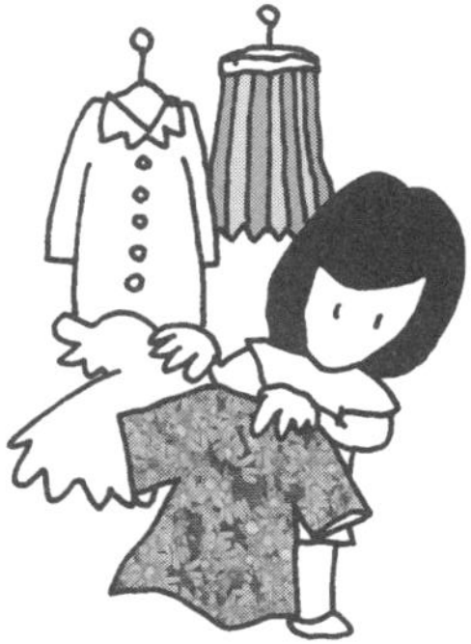

本当に
心を込めて選ぶのだ。

ちゃんと挑戦もさせて、
でもオフザケはなしで。

選んで貰ったから、
仕方なしに着ている素振りも
許し合いながら、

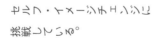

セルフ・イメージチェンジに
挑戦している。

母の手編みセーター

ボギー

こどもに無償の愛を捧げる人だった。

「お母さんは破れパンツでもいいけんあんた達にはきれいな服を着せてやりたい」が口癖の母は、何十枚もの手編みセーターを私や弟に編み続けた。ドラえもんやオバQの絵が上手に編み込まれており、小学校に着ていくだけでたちまちクラスの人気者になれる魔法のようなセーターであった。高学年になるとそのデザインはさらに複雑化し、キン肉マンの超人や北斗の拳のケンシロウまで手編みセーターにしてしまうほどのエスカレートぶり。胸の部分が劇画調のケンシロウで背面にはローマ字で「OMAE WA MO SHINDEIRU!（お前はもう死んでいる!）」と編み込まれていた。これを初めて学校に着て行った日はもうたいへんな騒ぎで、隣りのクラスからもセーターをひと目見ようと押し寄せた。しかし、中学生になった途端そんな魔法の手編みセーターもなんだか突然気恥ずかしいものに変わり、新作を編んでくれても着ることはなくなってしまった。

「お母さんは残りものでいいけんあんた達

いっぱい食べなさい」も母の口癖で、そんな無償の愛が反抗期になると鬱陶しく感じはじめる。「なんでもかんでもこどもこどもこども！　お母さんも好きな服着ておいしいもん食べたらいいやん！」と食ってかかったことも何度かあった。

こどものために自分を犠牲にして欲しくない。もっときれいな服を着て、もっとおいしいものを食べて、母にはもっともっと自分の人生を生きてほしいと心の奥で願っていた。

やがて成人し、家を出て、私がミュージシャンとして活動するようになると母はビデオカメラを持ってライブハウスにやってくるようになった。こちとらロックンロールやってるつもりでも、目の前では母がいつもカメラを回してる。格好悪いったらありゃしない。しかしその頃の母には楽しみがほかになかった。子育てを終えても、きれいな服やおいしい食べ物にはそもそもまったく興味がない人だったのだ。

母のライブハウス通いはエスカレートしていった。息子だけじゃなく、その日出ている共演バンドたちの演奏もすべてカメラに記録する。たとえ10時間で20バンドも出るロックフェスでも母は三脚を使おうとはせずハンディカメラで全バンドを記録し続けた。実家はたちまちビデオテープで埋め尽くされていく。そんな母の姿に父は呆れていた。時々「いいかげんバンド辞めてまともに就職しろ」とその矛先は私にも向かった。

いつしか噂が噂を呼び、母にとある雑誌から取材の依頼がくる。実家まで来たインタビュアーは天井までうず高く積み上げられたビデオテープ部屋を見て絶句していた。その日のインタビューを母は「ライブハウスでカメラを持ったまま死にたい」という言葉で締め括った。戦場カメラマンでもなかなか言わない壮絶なセリフである。

その頃には私もなんとなく気付いていた。

私は私で音楽を辞めて就職する道を選ぶことなく、好きなことを好きなだけやって生きていた。相変わらず売れないミュージシャンではあるが、29歳で結婚してこどもが3人できても、それはそれでなんとか生きてこれた。気づけば奥さんと3人のこどもたちと一緒にバンドを組み、全国を旅しながら楽しく自由に暮らしている。もう父も「バンド辞めて就職しろ」とは言わなくなり、むしろそんな生き方を認め応援してくれるようになった。母は相変わらずカメラを持ってライブハウスに来ている。

昨年、Twitterに何気なく投稿した母の北斗の拳セーターが大バズりしてしまいネットニュースになるほど大きく脚光を浴びた。35年の時を経て母のセーターに再び魔法が宿ったのだ。

　こどもに無償の愛を捧げる母だが、決してこどものために自分を犠牲にしていたわけではなく、そんな母もただただ自分の人生を好きに生きてきた人だったんだと、最近になってやっとわかった。

　いま私は48歳である。

　私もこどもたちに好きに生きている後ろ姿を見せ続けたいと思っている。

着地点

二人が育ったのは
急速に過疎化のすすんだ田舎。

成績優秀な加奈子は
都市部の名門校に進み、
高校時代から下宿暮らし。

どちらかと言うと
できないほうだった佐織は
地元の商業高校に入学。

三年後、
加奈子は希望の大学に合格し、
東京に出た。

佐織は同級生と恋愛し
程なく妊娠。

卒業後直ぐ、
大きなお腹で
できちゃった結婚。

二人目を
二十歳で産んで
今では二児の母。

娘の小学校入学をきっかけに、
昔の夢を叶えたいと思い、
美容師学校に通い始めた。

過疎の島々をつないで
架けられた橋と

誰もが
車を運転するようになった
時代の恩恵。

下の子は
近所のお婆ちゃんたちが、
こぞって子守りしてくれる。

若者流出が著しい地域で、
彼女たち夫婦は
希望の星。

建築現場で働く夫も、
周りの人たちから
息子のように
よくして貰っている。

一方、
加奈子はこの春、
大学院を卒業する。

希望する専門職の
採用通知は
なかなか届かない。

卒業年度の景気による
運、不運も噛みしめる日々だ。

故郷の両親からは

と安堵の声が届く。

親がそう思うのは

当然だろうから、

加奈子は何も言わない。

しかし実際は、
卒業すれば早速、
奨学金の返済も始まる。

住む場所も
今のところからは
移りたい。

でも、
何の経験もない
専門職希望の新人に、
仕事の口はそんなにない。

経験を積んで、
正規雇用され、
生活が安定するのは
何時のことだろうと思う。

恋愛も結婚も
それからのことだ。

先ずは
自立した経済生活の為に、
とにかく仕事だ！

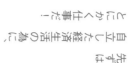

佐織は、
周りの人たちに
支えられて、
日々の暮らしを営んでいる。

自分は努力して
やっと専門職の卵になったが

まだ何も始まっていない。

児童心理を学んだ私が
母になれるのは、
いったい何時のことだろう。

と思いながら、
希望一杯だった
高校合格の日のことを
思い出すという。

まさか九年後が
こんな風だとは
夢にも思わなかった。

気がつくと
夜空に向かって
そんな決意を繰り返してるんです…
と苦笑いしながら語った。

夢の途上

「誰もが夢を叶えた時代はなかったし、
誰も叶わなかった時代もない」

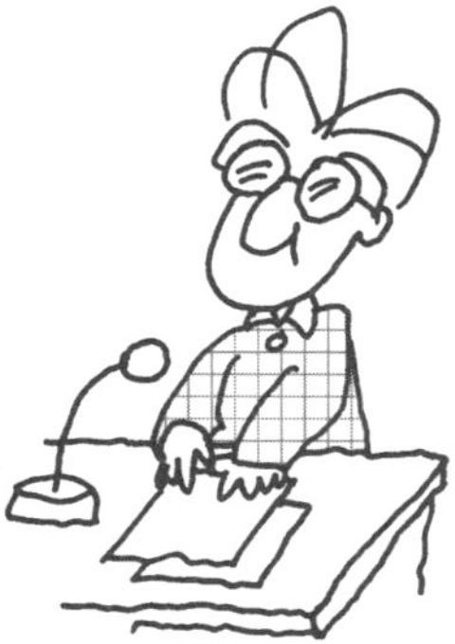

「いつも
叶った人と
叶わなかった人はいた」

「それは時代や、
景気の動向とは
関係ないことだった」

ずいぶん前、
授業で話して、
学生たちが
強く反応したのが
これだった。

就職目前の者だけでなく、
みんな自分の夢と
現実の折れ合い点を探していた。

だから挑発的に
聞こえたのだろう。

「やっぱり
そうなんだと思いました。
頑張って夢に向かって
生きてゆきます」

最後のレポートに
こう決意を書いた学生もいた。

これと関わって、
どこかのコラムで読んだ
印象的な話もした。

バスケットボールの神様と言われる
マイケル・ジョーダンのエピソードだ。

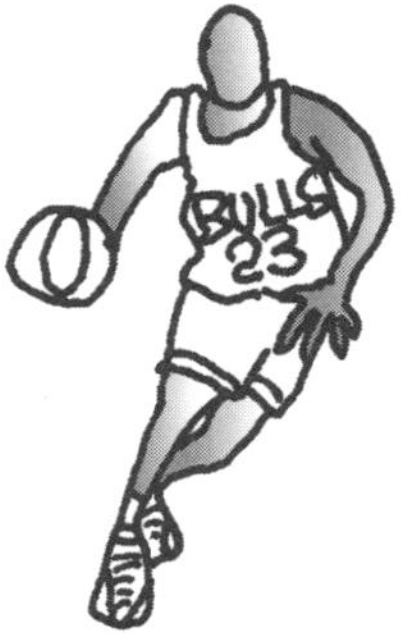

彼はハイスクール時代、
それほど秀でた選手ではなかった。

努力家だったが
なかなか
レギュラーになれなかった。

いくら頑張っても
報われない毎日、
自分の部屋で
隠れて泣いたことがあるという。

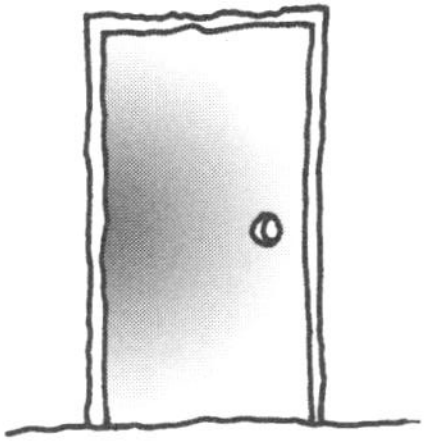

それを聞いたコラムニストは
こう書いていた。

彼はまだその時、
自分が将来、
あのマイケル・ジョーダンに
なるなんて知らなかった。

本当にそうだと思った。

成功した人の話を聞くと、
それはたいてい
結果が出た後の話である。

しかしその人も、
結果が出る前日、
前夜まで、
それを知っていたわけではない。

ためらいや
不安に潰されないよう、
必死だったに違いない。

失敗や自己喪失の時間なしに、
夢が叶うことは
ないのではないか？

リスクや不安を排除して、
確かだと思えることだけを
選択する人生が
あっても良いと思うが、

それは夢の達成ではなく、
現実の成就だろう。

コロナ禍の中、
何となくの空気や、
時代の言葉が、
若者の気持ちをくじいている。

今あらためて重要なのは、
未来は誰も知らない
ということである。

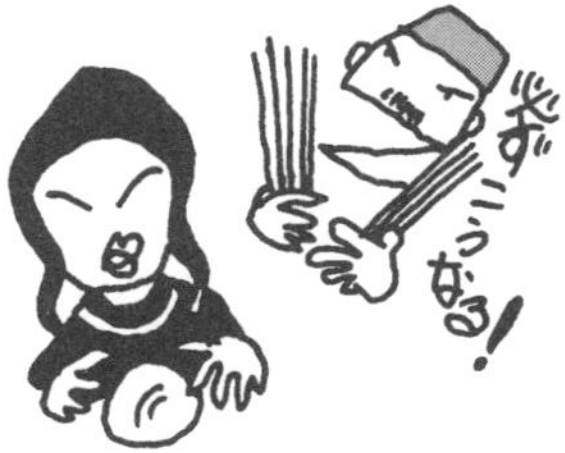

そして
それは昔からだ
ということだ。

年寄りが、
残り少ない老後に
敏感になるのは仕方がない。

しかしそれと連動するように
未来が不安になっている若者には、
もっと楽天的に！
と言ってあげたい。

明日は明日の風が吹く、
なんて昔はよく言ったものだ。

明日の不幸を
言い当てたところで、
それが何なのだ。

行動を起こさず、
心の中にわき上がる不安に
過敏になる。

達成できるかどうかが全てだと
若者に思わせるのは
社会の劣化だと思う。

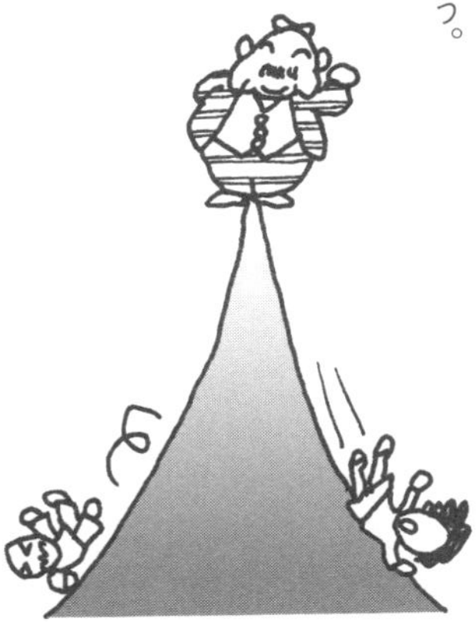

目指したものを、
みんなが手にすることはないし、
挫折する人もあるのが社会。

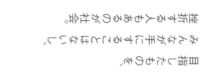

わきまえた希望を持つのが、
身のためだなどと
教えるのは老人世代。

その人たちが
それほど素晴らしい世の中を
作ったわけでも、
優れた人生を生きたわけでもない。

明日かもしれない
その日のために
今できることをしておくことだ。

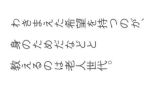

荷台

四十年近く前、
ほんの二年ほどだけ、
看護学校で
「心理学」の授業をしていた。

心理職公務員として
児童相談所で
働いていた頃のことだ。

府立の看護学校で
心理学担当の人が
見つからないというので、
かり出されたのだ。

新設の看護学校で、
ずいぶん遠方からも
入学してきていた。

心理学など
看護科目の中心的なものではないので、
出来るだけ楽しく
聞いてもらえる授業にと
工夫はしていた。

水曜日の午後一番。
すし詰めの専門課目中、
ひとときの休息だと、
居眠りする子も少なくなかった。

十代後半の女の子達に、
三十代半ばの自分が、
どんな授業をしていたのか、
ほとんど記憶がない。

それから
二十数年経ったある日、
看護職者の研修会講師を
依頼された。

あちこちから依頼を
受けるようになっていたので、
その一つだと思った。

ところが依頼者は、

ここ数年は大学院に在職しているが、
自分の職歴に
教師であった自覚がなかったので、
「教え子?」と思った。

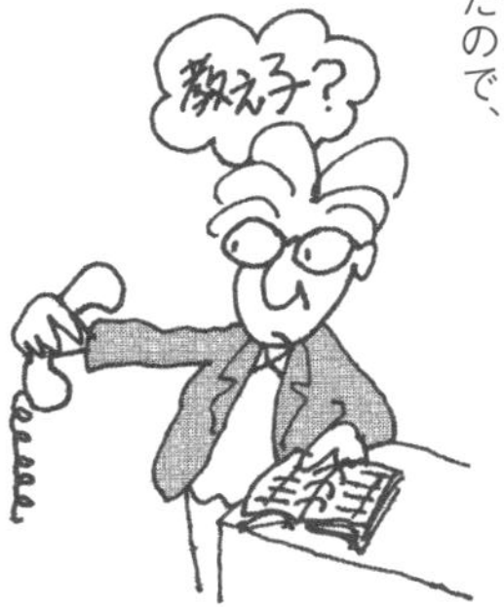

彼女は
訪問看護ステーションで働いていた。

そのスタッフの
研修をと言うので、
会うことになった。

そこで彼女がこんな話をした。

彼女は看護師として働きながら
結婚し、子どもも産んだ。

しかし夜勤も含む多忙さは、
三人の家族生活を追い詰めた。

夫は
仕事をとるのか、
妻として、
母として生きるのかと
選択を迫った。

看護師になりたい、
十代半ばからそう思って
勉強してきた。

苦しいこともあったけれど、
やり甲斐もあり、
充実もしてきていた。

振り返ると
十数年もかけて
今の自分に
なってきたのだ。

夫の寂しさも
分からないではなかったが、
仕事は辞められないと言った。

ちょうど同じ時期、
二人目の子を
産むことになったから…と
退職する
仲の良かった同僚がいた。

その話に
夫は強く心動かされていた。

結局、
話し合いは平行線のままで、
離婚することになった。

母子二人の暮らしは、
いろんな人の
助けを借りながら、
更に厳しいものになった。

そんな日々、
ある時突然、
ずっと忘れていたことを
思い出したのだという。

今はまだわからないかも
知れないが
将来、君たちが自転車の荷台に
子どもをのせて、買物から
帰る夕暮れ、ここで
私の話すいろんな事を
思い出すだろう

そんな話をした
記憶は全くない。

何を思い出すだろうと
言ったのか、
見当もつかない。

しかし彼女は、
これまでの人生で、
何度も何度も
そのことを思ったと語った。

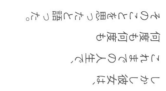

人から人に、
言葉はこんな風に届いている。
言葉は情報だけをのせる道具ではない。

団遊

大学四年生の夏、
長男に
「話を聞いて欲しい」
と言われた。

息子が何かを書いているのを
見た記憶がなかった。

思わず、
「おまえ、
漢字ちゃんと知ってるか？」
と口走った。

予想もしない話だったが、
当てにならない
他人の評価やコネを頼って、
今我慢すれば
未来が拓けるなどと
信じたがっている人が
好きではない。

私自身、
一年浪人の上、一年留年と
大学卒業に六年間もかかった。
おまけに就職も決めないで
卒業したのだから、
今考えると
ずいぶんいいかげんな奴だった。

私は常々、
やりたいことがあるのに
他のことをしている人に
幸運が舞い降りることは
ないと思っている。
とくに若者がそんな風にしているのは、
チャンスを潰しているように見える。

だから
現役で卒業予定の息子に、
もう一年間、
浪人か留年をされたつもりで
授業料分の費用を
出してやると言った。

当時、次男も
私立大学在学中だったから、
公務員一人の給料袋で
やりくりするわが家に、
決して軽い負担ではなかった。

ただし、
それを持って家を出ろ。
そしてもしおまえに
可能性があるなら、
その金の続く間に
チャンスを掴めと言った。

何かやりたいことが
あると言いながら、
ずるずると二十代を
過ごしてしまう若者が
可哀相に思えてならない。

そうさせてしまう
親の方針のなさにも
苛立ちがある。

何ごとにも期限があるのは、
人間に寿命があることを思えば
分かることだ。

こうして息子は
大学卒業と同時に家を離れ、
大阪近郊の都市に
小さな部屋を借りて
暮らしはじめた。

そして編集の夜間教室に籍を置いた。
昼間は市立図書館で
書きものをして、
夜にはそれをパソコンに
入力しながら校正し、
プリントアウトした作品を
履歴書と共にあちこちに送った。
そんな方法でチャンスが
掴めるものかどうかは
分からなかった。

食事は極力切りつめて
出費を抑え、
たまに親元に
栄養補給に戻ってきた。
それでも家賃と最低生活費、
持ち金はどんどん減っていった。

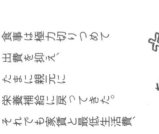

しかし
アルバイトはしなかった。

才能の有無も分からない若者が
生活のために
多くの時間をアルバイトに
費やしていて
なおチャンスに恵まれる
かもしれない
などという考え方を
信用していない。

目いっぱい集中しても、
果たして
才能があるのかどうかなど
分からない。

もし誰かに
その片鱗を発見して
もらえるとしたら、
ひたすらそれに
励んでいる姿しか
なかろうと思っていた。

調理法を色々工夫して
今週はキャベツで一週間過ごした
などと笑っていた。

そして
一日の大半を
書きたいと思ったことを
書いて過ごした。

ある時、
「親に大学まで出して貰って、
甘いことといってんじゃないい!」
と、なかなかうだつの上がらない
同業年長者から
批判されて落ち込んだ。

弱気になって、
珍しく泣き言をいってきた。

もう持ち金は底をついたのか？
まだある…
ならばまだチャンスはあるだろう

そんなある日、
送り続けていた雑誌社の一つから
電話がかかってきた。
編集長の
気まぐれのようなものだった。

いつも原稿を送ってくる
おまえさんなぁ、
団遊(ダンアソブ)って
これ本名か？

はい、
父が付けた名前です！

それなら
この履歴書の写真はなんや？
この名前なら
プリクラくらい貼ってこんかい！

ホンマに持ってきよったか！

なんの予定もなかったから、
翌朝直ぐに動けた。
そして、ここから道が
開けていくことになった。

いつ何によって
道が開けるのかは
誰にも分からない。
しかしその扉は、
強く願って叩き続けた者に
先に開くぐらいの公平さは
持っていると信じている。

茶色いカバン

川内有緒

　二年前、『晴れたら空に骨まいて』という私の本が文庫化されることになり、新しい章「建てられなかったホテル」を書きおろした。父・寅幸（とらゆき）の人生やおかしな言動をまあまあ赤裸々に描いたので、母はひどい仏頂面をしながら「そんなの、書かなくていい」と主張したが、「へんてこな男のへんてこな人生にも意味があるんだよ」などと言い訳しながら出版してしまった。

　寅幸は、酒と競馬とカラオケとゴルフが大好きな愛すべき変人だった。働くことには熱心ではなく、その名前の通り、フーテンのトラさんのようにせわしなくウロウロし、人生の最後の最後までややこしさをてんこ盛りに残したままこの世を去ったわけだが、今回の本題はそこではなく、寅幸が長年持っていたカバンの話である。

　それは茶色い革製のトランクで、パカンと開けると中には水色の綺麗な布が貼ってあり、なかなか洒落た品であった。私たち姉妹が小さいころ、父はよくそのカバンを持ってブラジルやペルーにでかけた。言葉も通じない遠い国で何をしていたのかはよくわからないが、一攫千金を狙って何かを企てたものの、誰かに派手に騙されてほうほうのていで戻ってきたとかそんな話だった。

父が亡くなって一七年が経った。

父の痕跡が家からほぼ消えつつあるなかで、思い出深いそのカバンだけは幾度もの母・比佐の断捨離をくぐりぬけて生き残っていた。

ここ一〇年、私の妹の佐知子、母、私の三人は恵比寿で小さなギャラリー「山小屋」を運営している。ある時、パリ在住のアーティスト・エッツの展示があり、例のカバンをディスプレイに使おうということになった。佐知子が実家の物置から出してくると、年季が入った革のカバンは良い感じに展示空間におさまり、父のことが大好きだった佐知子は「お父さんもいるみたい」と嬉しそうに言った。

その展示に、長身の男性が現れた。その人はパリでエッツと知り合い、数日前、偶然にも新宿駅で彼女と再会、この展示のことを知って西荻窪からやってきたという。Tシャツにジージャンを着たその男性は、自作の詩を詠んでいるとのこと。周囲の人々が「聞きたーい」と頼むと、「じゃあ、一編」と答えた。

愛を　うたう　僕は　むかし
あかね空を　つかむ　羽根をもたずに
映画の　ながれだま　よけずに
赤く血を　ながす　こどもだった

私たちは拍手をした。名前を聞くと。「虎維(とらい)」と答えた。

トラだって？　やや？、と思ったのはもっと後のことで、その時はただパチパチと拍手しただけだった。

それから虎維くんは、たびたび山小屋の展示に現れるようになった。手のひらサイズの小さな本を読んで感激したり、手彫りのスプーンを買ったり。

山小屋に来る時、彼はいつも茶色いトランクを手にしていた。それは、父のものよりもひとまわり小さいが、パカンと開くところがよく似ていて、旅先で買ったものだという。

何かが起こった。

詳細は知らない。まあ、人生のビッグバン的なものであろう。

虎維くんと佐知子は結婚した。

今になって考える。茶色のトランクを日常的に持ち歩き、名前に「トラ」がつく男。日本全国の電話帳をくまなくひっくり返したり、ググりまくったりしても、たぶんその二点をかね備えた男はなかなかいないだろう。こういうのを運命とかセレンディピティとか奇跡とか言うのかもしれないが、作家を生業とする人間があまりイージーな言葉を使うわけにはいかないので、運命とかセレンディピティとか奇跡とか、ましてや父がキューピッドだとかは絶対に言わない。だいいち、そのふたりの男には、茶色いカバンと名前の響きの二点以外には、ただのひとつの共通点もないのだから。

　ちなみにその後、父・寅幸のカバンはどうなったのか？

　なんと、母が最近決行した断捨離で捨ててしまったらしい。

　それを知って、ぶったまげた。

　ややややや！

　家族の思い出の品を娘たちに断りもなく捨てちゃうなんて。

　一七年もとっておいたのに今になってなぜ。

　もうお父さんの持ち物、ほとんど家にないじゃん。

　私と佐知子は小さく叫び、三粒ほど涙を流した。

「だって、ボロかったんだもん。そんなに好きだったの？　じゃあ似たものを買うよ」と母は言った。
いや、そういう問題じゃないんだよ……。っていうか、そこ、わからないって、お母さん、どういうことなの？
かように、夫婦の在り方というのは誠に謎めいたものである。あの茶色いカバンは、運命だの奇跡だのを超えた人生の深淵を感じさせてくれたね、ありがとう……ということに今日のところはしておこう。

孤独の毒

独りで生きることを
テーマにしたものが話題になった。

応援メッセージの欲しい人や、
孤独に暮らす人が
多いのだなと思った。

単純に
結婚さえすれば
孤独でなくなるなんて
思っているわけではない。

むしろ
孤独にならずに生きるのは
なかなか難しいかも…
と考えさせられた
夫婦のことを思い出した。

五十代の母親と
面接していた。

この人とは
十年近く前、
長男のことで
一年ばかり
面接を続けていたことがある。

長男の不登校と
家庭内暴力が
問題になっていた。

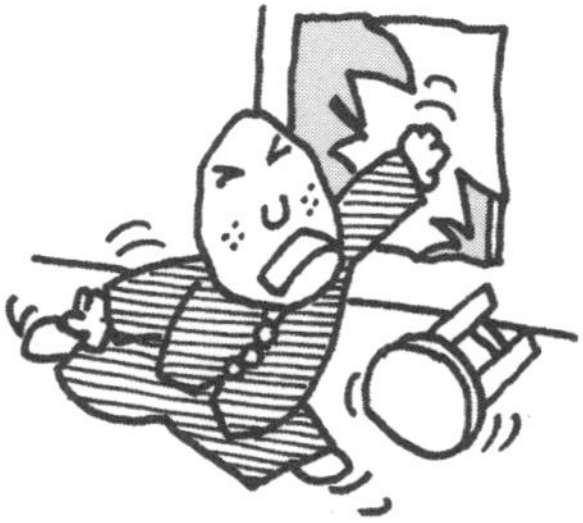

息子二人の家族の、
長男の相談だった。

当然のように
父親の面接への
出席を求めた。

翌週、
面接にきた
二人の様子をみて、
軽いショックを受けた。

どうして夫婦でいられるの？
と思うほど、
配偶者や家族への
関心の薄い夫だった。

まず、
家族のことを知らない。

妻が知らせていない
せいもあるだろうが、
とにかく息子達のことを
知らなかった。

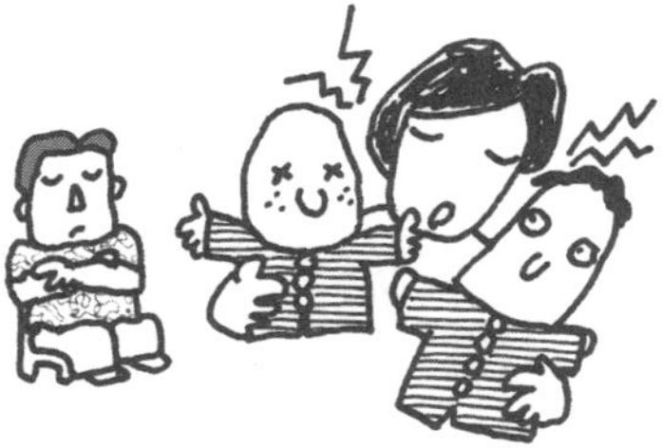

夫自身が
問題を抱えた人なのだと
彼女は考えていた。

しかし職場では、
部下との関係も問題なく、
友人も少なくないのだという。

奇妙な話だと思ったが、
彼女がそこには
手を付ける気がない
というので、
息子の問題に集中した。

短期間、
福祉施設を利用して、
息子はなんとか成人し、
自立しかけていた。

そして母がいよいよ
孤独と直面することになった。

もう何年も夫と
直接会話することはない。

妻は日常生活用件を
黙ってこなしている。

そして来談の訴えは、

という。

ある日の夕方、
彼女は急に
体の具合が悪くなって、
台所で
倒れ込んでしまったそうだ。

動けなくなっているところに
夫が帰宅した。

床に倒れた妻は、
当然のことながら、
夫が何かの対応を
してくれると期待した。

しかし夫は、
倒れている妻を
踏まないようにまたいで、
冷蔵庫から
自分の夜食を出して
自室に籠ったという。

聞かされている方が
絶望的な気持ちになった。

「そんな酷い話は聞いたことがない。
カウンセラーが言うことではないが、
どうして離婚しないの？」
と聞いた。

すると彼女は
「別れる理由もないんです」
と呟いた。

普通、
人は誰かとの関係の中で、
期待されたりあてにしたり
しあって生きている。

そこで、
思ったようにしてくれないとか、
こんなはずではなかった
という感情も生まれる。

しかし彼女はこれまで、
そんな期待は一切持たずに
暮らしてきた。

そして
たどり着いたところが
ここだという。

当たり前ではないかと思うが、
そんなことを言っても仕方がない。
水もやらない草に
花が咲くことはない。

上手くいく方法

最近というわけでもないが、
家族にまつわる事件は
後を絶たない。

中でも子育てでは、
何かが起きてから
親のやり方がどうこう
言われることが多い。

だが起きてしまってから、
あれこれ言うのは賢くない。

言われている方はきっと、
「じゃ、どうすれば良かったの？
教えてよ！」
と腹を立てるだけだ。

上手くやっている人は、
何か秘訣のようなものを
知っているのだろうか。

それで結果を
手に入れているのだろうか。

実はそこが微妙なところで、
たいていの場合、
自覚されてはいない。

たまたまの結果を
喜んでいる、
くらいの感覚だろう。

「それなら運が
良かっただけじゃん！」
という人がいたら、

「かもしれない」
と言うしかない。
その上で、
「運も実力のうち
らしいからね…」

こう考えられる人には、
家族に関する知恵が
備わっている気がする。

多くの人たちが
家族の中で育ち、
今も日々家族を営んでいる。

にもかかわらず、
家族のことを
どこかで学んだ記憶がない。

それは教えたり、
習ったりするものではないと
誰かが決めたのだろうか。

そのくせ
何か起こると、
批判の的にされる。

親の育ちが悪いから
そんなことになると
言われたりもする。

この人たちは
「親の因果が子に報い」などと
古臭いことを言っている
自覚はあるのだろうか？

どうすれば
家族が上手くいくかなど
誰にも分からない。

分かっているのは、
上手くいかなかった
個別の状況だけ。

これがヒントなのだ。

上手くいかない方法が
明らかなら、
今後のことは探しやすい。

それ以外のことをすればいい。

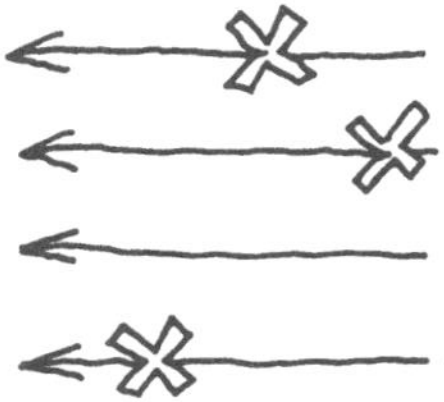

「そうしたら
必ず上手くいきますか？」
と問われたら、

「それは分かりません」
が理にかなった対応だ。

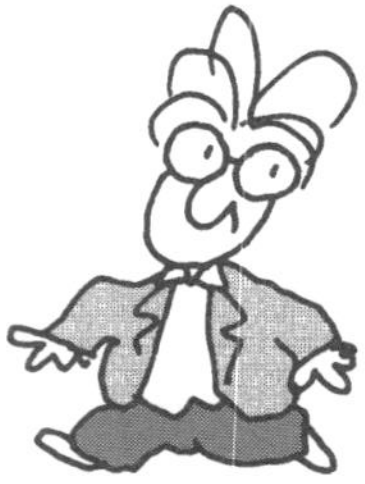

家族はしばしば
同じことを
繰り返してしまう。

夫婦喧嘩を見れば
分かるだろう。

上手くいかないと
分かっていることを
本気みたいに繰り返している。

だから気楽に
違うことをやってみる。

私達は
どちらが正しいかを
競うために生きてはいない。

白黒にこだわりすぎると、
正解は一つになりがちだ。

だから「正しいこと」より、
上手くいきそうなこと、
楽しそうなことを探そう。

真実は一つでも、
上手いやり方は
いくつもあってかまわない。

くそまじめな
失敗の堂々巡りを
断つことができれば
いくらでもチャンスはある。

絆

小学生の男児が二人ある
三十代半ばの母親が
脳梗塞で倒れた。

同居していた
祖母（夫の母）が
家事一切を
引き受けることになった。

四十才前の父親は、
車椅子の妻を抱え、
家計を支えながら
暮らすことになった。

長距離トラックの運転手。
週の半分は家を空けている。

家事、
子育てに加えて、
障害者になった妻の世話。

皆、頑張ったが
祖母にずっと
頼り続けられるわけもなく

思い悩んだ末、
父親は離婚を切り出した。

母親も、
今後のことを考え、
それを受け入れた。

そして
自分の実家のある町の
施設で暮らすため、
去って行った。

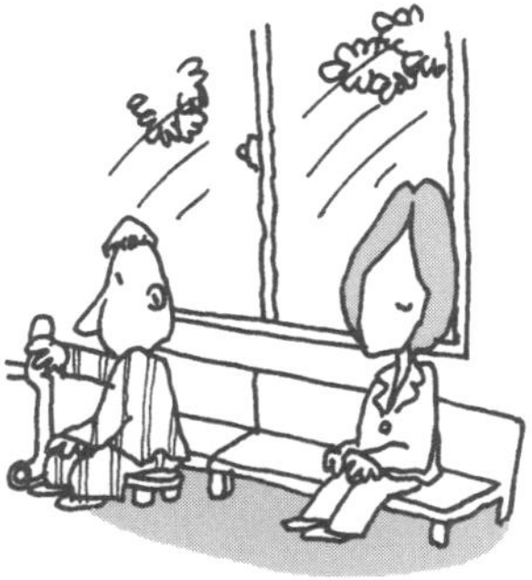

父親は
長距離に出て、戻って、
休みの繰り返し。

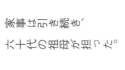

家事は引き続き、
六十代の祖母が担った。

二人の子のあるところへの
再婚話など、
そう都合良くはすすまなかった。

問題が起き始めたのは
兄弟が中学生に
なってからだった。

地元で
連続して事件が起きた。

やがて兄弟が
関わっていることが
明らかになった。

知らされた父親は
厳しい体罰で
戒めようとした。

警察や相談機関にも
子どもを連れ回った。

家庭事情を聞いて、
母親への仕打ちが
あんまりだと
憤る人も居た。

母親を奪われたことが
問題行動の原因だというのだ。

事件の詳細は
明らかにされず、
地域は不安を募らせていた。

そんな中、
面接を続けていて
分かったことがあった。

祖母と元嫁の関係は
悪くないらしい。

子ども達のことで
今もやりとりがあるという。

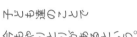

二人の孫を連れて、
母親のいる施設に
行ったこともあったという。

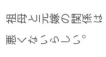

突然の病に始まった
多くの苦労。
現実の厳しさゆえの、
やむを得ない決断だった。

しかし、
祖母頼りの父子世帯では
どうしようもない面もあった。

そんな中で
起きた事件だった。

解決をどう探るのか、
なかなかの難題。

父親の指導力の
限界も話された。

だが、こんな事態にも、
祖母と母親の関係は
変わらなかった。

息子達を
叱るばかりの父親より、
祖母は母親を頼りにした。

彼女も自分が
母親であることを
精神的には維持し続けた。

三十代半ばに脳梗塞で倒れ、
結婚生活も子育ても
断念せざるを得なかった
女性である。

しかし、
今になって考えてみると、
この切らなかった絆が、
息子達が問題行動から
立ち直るのを支えた。

人生には、
あんなことさえなければ
と思う不運も少なくない。

それでも家族は、
連続する物語の中で生きている。

援助的

理解こそが援助だと
ずっと言ってきた。

だが
分かると言っているのは、
何が分かっているのだろう。

相手の言うことに、
「分かるよ」
と相づちをうつのは
そう難しいことではない。

「気持ちはよく分かる」
と言っているのにも
嘘はないだろう。

心情を受け止め、
「よく分かる…」
と返すのは大切なことだ。

しかしこれが
相手にとって
いつも力になるかというと
疑問が生じる。

理解には
「状況の理解」と、
「心情の理解」があると思う。

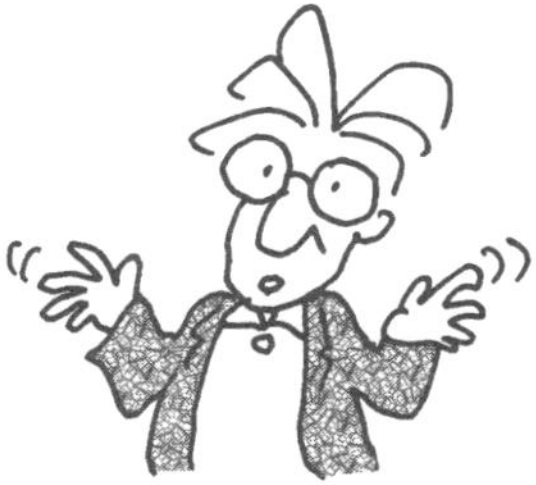

そして問題解決や
事態の打開に
より力があるのは
状況の理解である。

しかし、
人々に共感されやすいのは
心情の理解。
「受容」という言い方で
気持ちを受け止める。

だがそこに
多くの未解決問題の
滞留が生じたことは
専門家なら誰もが
気づいてきたことだ。

理解と見守りの名の下に、
多くの不登校を
置き去りにしてきた。

一方、
「状況の理解」は、
見守り以外の力を
発揮しようとしてきた。

その状況において、
何が起きれば
すこしはましかを考える。

それを
適応を強いているなどと
批判するのは誤解だ。

適応指導は、
目標がとても狭く
設定されている。

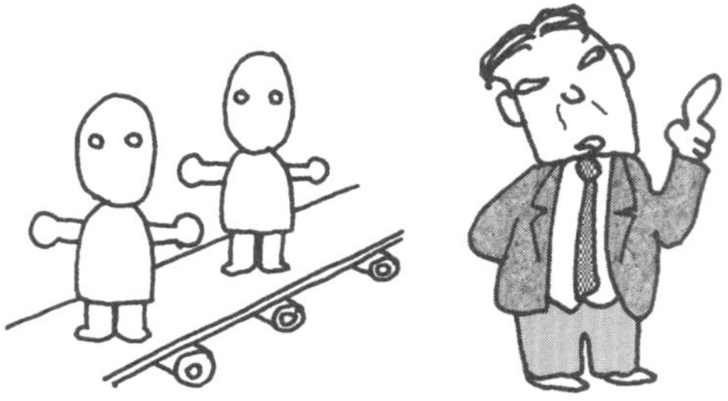

だが、すこしの変化を
模索するのに
定まった目標はない。

今のままでなければ、
何でもいいと考えている。

そこでできる
具体的変化を模索する。

ある家庭事情から
母方祖母宅に身を寄せていた
中学三年の女子。

そこで起きていた不登校。

私は父に
「すでに家は出ているんだから、
この際、
一人暮らしさせてみたら?」
と勧めた。

「中学生に？」
と父は不安げだった。
「心配ならお父さんが、
足繁く覗けばいい」

そして父は
職場近くにアパートをみつけて、
娘を引っ越しさせた。

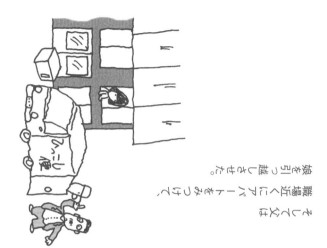

心配な父と
娘のやりとりが
頻繁になった。

そんな年末、
父の知人の郵便局で
年賀状仕分けの
アルバイトを
することになった。

お小遣いは
欲しかったようで
思いがけずよく働いた。

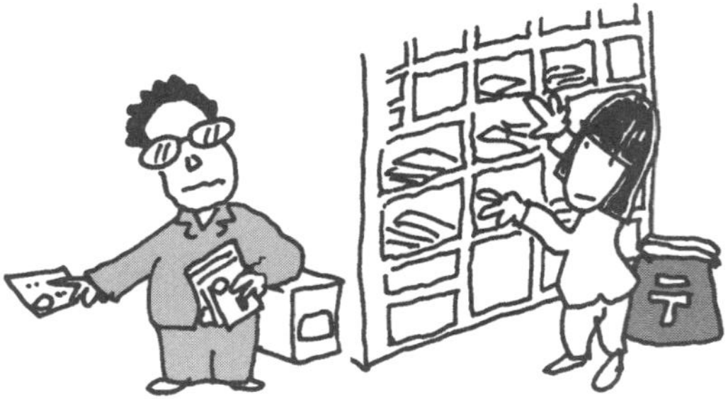

その後、
単位制高校への
進学も決めた。

私は本人に
会ったことがないから、
彼女の気持ちの理解など
皆無である。

父からの状況報告が
すべてだった。

今では彼女は
女子大の四年生。
就活中らしい。

人並みに青年期の悩みの
渦中にいる娘のことを、
父がたまに報告に来てくれる。

神楽の歌は家族の歴史

鎌田裕樹

きゅうりが育つ速度には驚かされる。たった一日置いただけでぐんと育つので、収穫時に見落としがあれば、翌日にはどでかくなっている。植物の歩みはゆっくりだとされるけど、夏の野菜はせっかちだ。目を凝らし、屈伸を繰り返しながら、ぬかるんだ畝の間をかがんで歩く。腰を悪くする予兆を感じつつ、この動作にはどこか懐かしさがあった。自分の先祖も同じような動きをして、腰が痛いと嘆いていたかもしれない。初夏、白昼の夢から家族の歴史について考えていた。

適地適作という言葉がある。その土地の気候、地形、地質などの自然環境に沿って、どの作物を育てるか選ぶ農業の基本的な考え方である。北から南へ、縦に長い日本列島では、亜寒帯、温帯、亜熱帯と幅広い気候が分布しているため、様々な作物が育つ。だから、栽培に関して全国に共通する技術はあるとしても、農業という営みは風土によって多様に分化していて、一括りにできない。

とくに有機農家は風土を重んじる人が多く、自分の師匠は土地の歴史にめっぽう詳しい。地名の由来、何の作物が伝統的に作られ、どんな文化が繋がれてきたか。「いいか、昔、〇〇さんの畑ではな」という調子で話がはじまるような、個人名の小さな歴史。その土地の素性を知ることは農業の前提であって、それは往々にして家族の歴史に通じている。そんな話を聞くのが好きだ。今日は故郷の神楽の話をしてみたい。

思い出すのは父の夏の背中だった。白い浴衣に紫の襷(たすき)。額に豆絞りのねじり鉢巻。石畳の舞台で太鼓を叩いている。父には他の大人にはない癖があった。演奏中、目を瞑り、なぜか舌が出るのだ。「お前の親父、叩きながら寝てるぞ」と周りに野次られても、その背中は格好良く見えた。いつか自分もこうなるんだと思いながら。

故郷の小さな農村には神楽の伝統がある。獅子舞、小太鼓、大太鼓、笛、鐘。バンドさながらそれぞれのパートがあり、父の担当は太鼓全般だった。神楽は年に一度の夏祭りに披露されるものだと育てられたので、獅子舞が正月の季語だと言われると未だにピンとこない。

神に祈るのは豊穣と太平。芸能ではなく、神事として分化した神楽。水が豊かなこの地域では稲作が盛んで、ほぼ全ての家庭が田んぼを持っている。米だけでは農家として生計を立てるのは難しく、どの大人も他の仕事をしながら田んぼの世話をしている。いわゆる兼業農家が多い。祖父の話では、神楽の始まりは江戸時代まで遡る。一帯を治めていたお殿様が、農民の息抜きと団結のために祭りをするように命じたそうだ。

数年前、祭りは今年で終わりにすると父から知らされた。理由を尋ねると、「子供がいなくなったからだ」と言う。他にも理由はあるのだろうが、夏祭りは子供が喜ぶから続けていたと言うのである。獅子の舞踏に教本はない。笛の旋律やお囃子のリズムに楽譜はない。神楽の歌は文字起こしすらされていない。故郷を離れてから十年が経ち、ようやく、村の最後の子供が自分だったことに気がつく。長い歴史がここで終わろうとしている。

戦後、農業の機械化と化成肥料や農薬の開発によって米の収穫量は一気に増加した。一方、GHQはじめ、アメリカの主導により、小麦の輸入が始まり、家庭での米の消費量は減っていく。米の生産過剰によって価格が下がるのを防ぐため、政府の生産調整政策（減反政策）による介入もあった。米を作れば作るほど価格が下がり、国から米を作るなと言われる時代を生きた祖父は「米では食っていけない」と口癖のように呟く。農業では食っていけない、かと言って、希望する職もない。田舎に子供がいなくなる流れ、いわゆる過疎は、農業（正確には稲作）の破綻の歴史に紐づいている。

農業は田舎のコミュニティの基盤だ。例えば、水路掃除や草刈りは、インフラを整える自治であり、そのなかで住民同士が会話をし、そうやって横の繫がりが増えていく。自分が農業の修行をしている京都の大原地区では、若い農家が多く、農道ですれ違うたびに雑談をしながらお互いの情報を共有する。この井戸端会議的な地域社会の在り方は農業が可能にしていたんだと思う。

理想論だと笑われるかもしれないが、農業の衰退によって地域の人口が減り、田舎の社会や文化が崩れていくのだとすれば、その逆もまた可能なのではないか。農業で食っていくことができれば（それが難しいんだけれど）、田舎は資源の宝庫だ。畑もある、水もある、山もある。仕事は自分でつくれる。そうしていつの日か、また神楽の歌が故郷の田んぼに響けば。そんな未来を夢見て、今日も遠く離れた地で野菜とそれを育む自然に向き合い、農業の修行に励んでいる。

余所から見れば、よくある過疎地のひとつの例に過ぎない話も、当事者からすればたったひとつの家族の歴史である。農業に限った話ではない。安易に一般化できない物語を誰もが生きている。

お葬式

癌で入院中だった
妻が亡くなった。
その瞬間から病室は一転した。

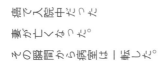

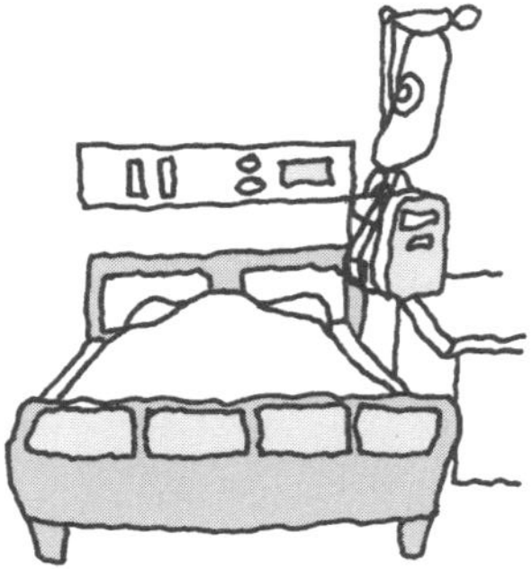

もうその場に
とどまることはできない。

この後、
どうするかを迫られた。

まさかこんなに早く
亡くなるとは
思っていなかった。

末期癌だとは
告知されていたし、
余命一年とも言われていた。

しかし初診から
まだ三ヶ月しか
経っていなかった。

自宅に戻るか、
葬儀場に移るか、
通夜、葬儀はどうするか。
そんなことには疎い。
どうすれば良いのか？

戸惑いながら、
病院のロビーで
葬儀社を選んだ。

早速来てくれた業者は、
火葬場の状況を
確認していた。

土曜日の午前十一時まで
予約が一杯だと言う。

逆算して、
通夜、告別式の
日時が決まった。

そこから、
どんな葬儀にするのかを
次々と決めなければ
ならなかった。

違和感は感じたが、
自分たちでやるとなったら、
もっと混乱の渦に
巻き込まれるだろう。

その結果、
妻は二晩、
自宅に戻ることになった。

十日あまり前、
救急車で駆けつけた道を、
寝台車で帰宅した。

その車内で
夏場のことゆえ、
通常の二倍のドライアイスを
と告げられた。

安置されるのを見ながら、
お寺のことを考えた。

先祖からの墓には
入りたくないと言っていた。

希望を尊重して、
宗旨は異なるが、
古くからの
友人僧侶に電話した。

その後も葬儀のあれこれを
決め続けなければならなかった。

コロナ禍の時期でもあり、
家族葬にした。

最近は
何もかも済ませてから
知らせる方法をとる人も多い。

私は限られた友人達に知らせつつ、
お花を戴きたいとお願いした。

ただし、お花に
名札は付けませんと伝えた。

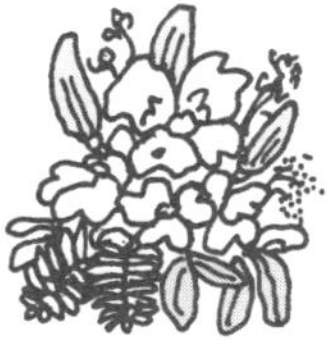

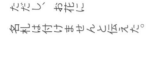

看板のような名札が
ズラッと並ぶ式場に
以前から違和感があった。

その結果、
場内はスッキリと
妻の法名だけになった。

酷暑、八月十五日の
葬儀になったので、
喪主は妻との思い出の
アロハシャツで参列しますと知らせた。

暑い中を、
喪服で来て貰ったり
したくなかった。

孫世代には、
祖父母の葬式はよい経験だ。

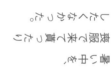

大きい方の二人に
式の進行を任せた。
スタッフに支えられて、
しっかり務めてくれた。

その結果、
こぢんまりした
暖かいものになった。

私の気持ちが
置き去りに
されてしまうような
通夜、告別式には
ならなかった。

こうして四十九日まで、
七日毎に
友人僧侶と子ども達が
集ってくれて
今に至った。

三十分未満

友人が離婚をした時、
まだ二歳にもならない娘がいた。

母親が引き取って、
友人は娘が成人するまで
月額五万円の養育費を
支払うことになった。

離婚は近年
ずっと増加してきた。

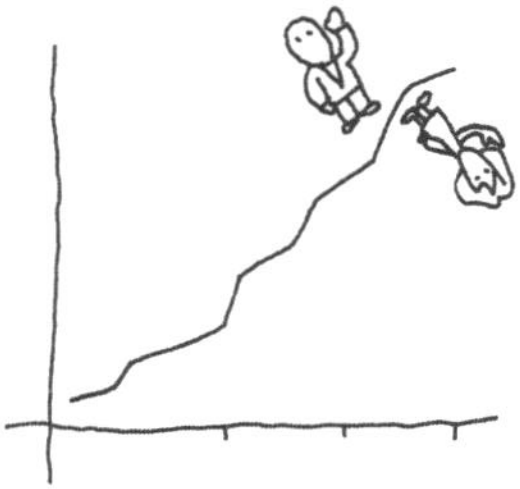

芸能人の
高額の慰謝料などが、
週刊誌やニュースショウの
ネタとして耳に入る。

しかし一般市民の離婚においては、
そんな非現実的な事態は起きない。

ごく僅かな慰謝料や、
支払いが滞りがちな
養育費のほうが多いらしい。

しかし友人は、
離婚以来二十年、
娘が大学を卒業するまで、
養育費を払い続けた。

当然といえばそれまでだが、
実行しない人も多い中でのことだ。
自身の生活も充実していればこそだから、
幸運だったのだ。

彼と話していて、
二十年も支払い続けているのだから、
娘に会いたいだろうと思った。
しかし一度も
会わせてはもらえなかった。

いよいよ支払い終了を迎えたとき、
一度でいいから
成人した娘に
会いたいと求めた。

条件付きで承諾が得られた。
叔父夫婦と
母親同席で十五分。
直接会話はしないこと。

ホテルの喫茶室で
僅かな時間
会うことの許された友人は、
顔を覚えようと懸命だったと言った。

当然のことながら、
母親から娘には、
たくさんのマイナスメッセージが
吹き込まれてきたのだろう。
あまりはずんだ時間とは
言えなかったらしい。
それでも無事大学まで卒業した娘をみて、
ここまで育てた母親に感謝したと言った。

半年もたたない頃、
大阪のある大型書店で
友人は仕事関係の本を
物色していたそうだ。

人影の少ない
専門書コーナー。
従業員が脚立にのって
棚の本の整理をしていた。
そのそばの本を取ろうとして
顔を見て驚いた。

娘だった。
それでもまさかと思ったので
アルバイトと書いた
ネームプレートを確認した。

彼女も
間をおかずに気づいて、
ショックを受けたようだった。
何を言ったらいいのか
分からないまま
呆然としていると
彼女が泣き出してしまった。

この様子に気づいた
男性従業員が
あわててやってきた。

人影の少ない専門書コーナーに、
中年男性と
泣き出しているアルバイト従業員。
最悪だと思ったという。

こう言う彼女はすぐ、
他の女性従業員に連れられて
奥に入っていった。

何かを説明しようにも、
どう言えばいいのだろうと思ったという。

そしてまた五年たった。
体調を崩して
入院していた友人が
無事退院した。

予後の通院の帰り道、
歩道橋でほほえみながら
会釈する若い娘に会った。
入院中、世話になった
看護師さんかと思って
会釈しかえした。

すれ違いかけたが、
心当たりが
なかったので、

すみません
どちら様でした
でしょう?

うつむき加減に女性は

真子です

と言った。

娘だった。
別れて二十六年余り、
十五分だけ
顔を合わせた娘だった。

友人は自分が娘を
分からなかったことがショックで、
どう言葉をかけたものか
パニックになってしまった。

バス停までゆくという
彼女について歩いた。

仕事に向かう彼女を
手を振って見送った。

離婚後、
まだ三十分にも届かない
父娘の時間。

「こっちは気がつかなかったんだ。
知らない顔だってできたのに、
声をかけてくれた。
それなのに俺は
分からなかった。
どんなに傷ついただろう…」
友人はそう言って悔やんだ。

元夫婦の言い分が
氷解することはないのだろう。
でも、彼女が気づいて
ほほえみかけてくれたことが
物語っていることも
あると思って私は聞いた。

旅する家族

よく人生を旅にたとえる。

たしかに子育てをしながら、
ふとした局面で、
自分がキャラバンを組んで
旅をしている、
そんな気がすることがある。

中国名を名乗る少女、
中学二年生の華に会った。

相談だから問題があった。

他生徒の親たちからの
非難と苦情だった。

華は夜遅くに
男の子の部屋に
遊びに行ったりするという。

しかし、
性的な問題というのではなかった。

聞いてみると、
習慣文化の違いというか、
感覚の相違だと思った。

華は小学校五年生の時に、
香港から
山間の町にやってきた。

当時、外国人の児童に
地域の学校で、
教育を実施できる体制はなかった。

担任の熱意で
一から日本語を教えたらしい。

本人に会ってみると、
屈託のない
元気な女の子だった。

単身でやってきた父親は、
日本で結婚し、
子どもも生まれた。

しかし、
彼には香港の施設に
預けた娘があった。
それが華だった。

父はもともと香港の人ではなく、
中国本土の人だった。

食えない貧しい生活に
見切りをつけ、
二十歳過ぎに密出国した。

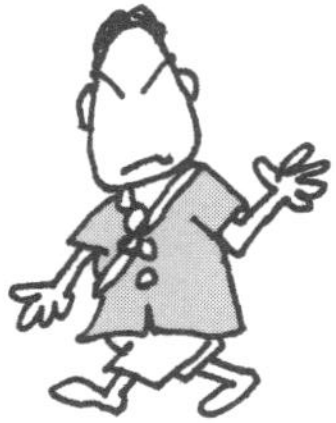

深夜、真っ暗な海を、
香港に向かって
泳いで渡ったのだという。

当時香港では、
一定期間以上居住すると
合法的存在として認められた。

そして
日本にやってきた。

ちょっと真似のできないような
努力の結果、
自分の店を構え、結婚もした。

そして後日、
香港時代に離婚し、
施設に預けていた華を
迎えにいったのだ。

現在、父親は
帰化申請のつもりをしていて、
自営業で頑張っている。

だから最初、
華のことが支障に
なるのではないかと
不安もあって、
熱心に相談に来た。

しかしその内、
苛立ちも見せるようになった。

そしてある時、
「華がこれ以上
迷惑をかけるようなら、
私の家族が脅かされる。
もう一度、
香港の施設に戻してくる」
と言い出した。

なだめながら、
父親の気持ちも、
彼女を受け入れた
日本の家族の思いも
想像がついた。

義理の母と華の関係や、
異母弟妹との関係、
家族の一員としての安定感など、
様々な課題があった。
ただ、それでも
香港に戻すのは
あまりだと思った。

いろいろ経過があって
最終的に、
日本の施設に行くことになった。
そしてそこから
高校進学もした。

あれから三十年近い月日が過ぎた。
高校を卒業し、
改名し、
就職もした彼女は
やがて結婚した。
今は三人の子の母として、
幸せに暮らしていると聞く。

やっと長い旅の終わりが…と書きかけて思った。
そうではない。
今もなお、
華も私たちも皆、
終わりのない旅を続けている。

おわりに

今巻、コラムを書いていただいた方たちの顔ぶれを見て、しみじみと歳の差を感じます。長生きするほど、こんな感覚が世の中のいろんな場所で生まれるのでしょう。

時事マンガを描いているわけではないので、作品の一つ一つがそう簡単に古臭くなったりはしないと思っています。それでも「家族」は時代の中で変化し、気がつくと物語に登場する人々が少々、昔の人っぽくなっていたりします（多分）。家族は普遍的でありながら、とても時代の影響を受けやすいものです。

だからいつも描くように、上世代は次世代の未来など予言できません。良かれと思ってでも、本気で心配しているのであっても、たいていの忠告は間違っていたことが、未来のどの時点かで明らかになります。

「家族の練習問題」はそんなことに気付いていただく素材です。子どもはこう育てなさいとか、効果的育児はこうですなんて描いていません。親は自由に子育てしたら良いのです。

だからこう問いかけています。「本当に、自分の思うように子育てしていますか？」、「世間のいろんな誘惑に、親の方が振り回されていませんか？」。

子育てには結果が出ます。誰かに何か言われるのではなく、親としての自分の心に届いてきます。仕事においても日常生活においても、ますますそう思う日々です。

＊ここに描かれた家族物語は、著者の体験をもとに創作されたものです。

プロフィール

団士郎　だんしろう

１９４７年京都生まれ。児童相談機関、障害者相談機関の心理職を25年を経て、１９９８年に独立。仕事場Ｄ・Ａ・Ｎを主宰。現在、立命館大学客員教授。日本漫画家協会会員。全国で継続的に家族療法のワークショップを開催するほか、講演会・オンライン講座の講師を数多く務める。主な著書に『対人援助職のための家族理解入門』（中央法規出版）、『家族力×相談力』『不登校の解法』（文春新書）、『ヒトクセある心理臨床家の作り方』（金剛出版）など多数。
https://www.shiro-san.com

ボギー

ミュージシャン。１９７４年福岡県生まれ。福岡を拠点にお祭り生活をおくる日々。ヨコチンレーベル代表として、１９９６年の設立から今も続くイベント「ハイコレ」「ラウンジサウンズ」を主催。バンド「nontroppo」「東京ノントロッポ」「ボギー家族」の活動と並行し、岡村靖幸の完コピ「奥村靖幸」としても話題に。
ほかにもトーク、ＤＪ、テレビやラジオ出演、雑誌のコラム、イラストレーター、イベントプロデュース等々、活動は多岐にわたる。
３人子持ち一家の大黒柱として異常なペースで全国各地を弾き語りで廻る日々。ボギーを追ったドキュメント映画『地下音楽現場物語』（ゴトウイズミ監督）や、本『ブードゥーラウンジ』（鹿子裕文著、ナナロク社）など、その特異な生き様が映画や本になっている。歌としゃべりで時空を超えるライブは常に大団円！
名前の「ボギー」とはボーカル／ギターの略。
http://yokotin.xyz

川内有緒　かわうちありお

ノンフィクション作家。1972年東京都生まれ。映画監督を目指して日本大学藝術学部へ進学したものの、あっさりとその道を断念。行き当たりばったりに渡米したあと、中南米のカルチャーに魅せられ、米国ジョージタウン大学で中南米地域研究学修士号を取得。米国企業、日本のシンクタンク、仏のユネスコ本部などに勤務し、国際協力分野で12年間働く。2010年以降は東京を拠点に評伝、旅行記、エッセイなどの執筆を行う。2014年『バウルを探して　地球の片隅に伝わる秘密の歌』（幻冬舎）で第33回新田次郎文学賞を、18年『空をゆく巨人』（集英社）で第16回開高健ノンフィクション賞を受賞。

著書に『パリでメシを食う。』『パリの国連で夢を食う。』（共に幻冬舎文庫）、『晴れたら空に骨まいて』（講談社文庫）、『バウルを探して〈完全版〉』（三輪舎）、『目の見えない白鳥さんとアートを見にいく』（集英社インターナショナル）など。ドキュメンタリー映画『白い鳥』『目の見えない白鳥さん、アートを見にいく』の共同監督。現在は子育てをしながら、執筆や旅を続け、小さなギャラリー「山小屋」（東京・恵比寿）を家族で運営する。趣味は美術鑑賞とD・I・Y・。高尾山にも登らないわりに「生まれ変わったら冒険家になりたい」が口癖。

鎌田裕樹　かまたゆうき

有機農家、文筆業。1991年生まれ。元書店員。京都の「恵文社一乗寺店」など、10年間本屋で働いたのち、農業の世界へ足を踏み入れる。自然のなかで培う感性と読書を下地に文章を書く。

家族の練習問題
～木陰の物語～ 9 〝終わりのない旅〟

2023年2月13日発行

著者　団 士郎
装丁　辻 祥江
編集　牟田都子

発行人　団 遊
発行所　ホンブロック（アンブロック株式会社内）
〒162-0064
東京都新宿区市谷仲之町 2-10 合羽坂テラス4号室
info@honblock.net
https://www.honblock.net

印刷・製本　日経印刷株式会社

ISBN978-4-908415-04-3　C0037